CLARA

CUENTOS & POEMAS

SUSANA ILLERA MARTÍNEZ

CLARA
CUENTOS & POEMAS
PRIMERA EDICIÓN

Poemas, cuentos, diagramación y diseño de portada
© 2018 Susana Illera Martínez
Revisión de textos: Gabriela Cárdenas

 suimrtnz@gmail.com
 @quienesclara

A mi hija, mi mejor aliada...
a quien admiro y por la cual
todo esfuerzo ha tenido sentido

CONTENIDO

PREÁMBULO

No es fácil expresar sentimientos, como tampoco lo es, tener la voluntad de expresarlos.

Muchos disfrazamos nuestros días con una actitud prestada, reímos cuando sabemos que es oportuno, hablamos cuando es permitido, caminamos en la dirección que pensamos apropiada con tal de alcanzar nuestros objetivos y muchas veces: lloramos a escondidas.

Deambulamos por la vida representados por un "alias", con miedo a mostrar lo que realmente somos y lo que sentimos.

Hace más de veinte años atrás encontré la forma de desahogarme un poco y sacarle tinta a estos sentimientos, buenos y malos, alegres y tristes, profundos y superficiales, oscuros y "claros".

Clara, se convirtió en mi alias, mi seudónimo, mi forma de expresarme.

Cabe anotar que la mayor parte del contenido de este libro de cuentos y poemas, se concibió en aquella época. Hoy, continúo escribiendo... aunque los versos no son los mismos, porque yo no soy la misma. Las alegrías y amarguras han madurado un par de décadas. Las situaciones y los lugares cambiaron. Los personajes que me rodean también son distintos, algunos con el mismo nombre, pero distintos.

Terminemos este preámbulo para darle paso a lo que importa... no sin antes mencionar que, en todo escrito, ya sea que se trate de situaciones personales del autor, realidad o fantasía, el lector puede hacer suya cada palabra, cada historia, cada poema... El lector puede ser "Clara".

¿QUIÉN ES CLARA?

Clara soy yo,
e indudablemente eres tú
mientras caminas pensando en tu vida
o en tu muerte,
morir, no siempre significa dejar este mundo...
yo anhelo morir, mil veces al día
desvestir el alma y coserla nuevamente
cada puntada, cada recoveco.

Clara es aquel que olvida,
que duele y empuja
Clara es aquel que ama
bajo la luz de la luna.

Clara es un pequeño lugar del universo
refugio de nieve y caricias solitarias.

Clara es mi verso y mis lágrimas
mi ser, mi orgullo
mi transfiguración
mi alegría y mi dolor.

Clara son mis poemas...
y todo lo que dejo ver a través de ellos.

POEMAS

penumbra

Nombre femenino
Del latín paene 'casi' y umbra 'sombra'.

"Sombra débil entre la luz
y la oscuridad, que no deja
percibir dónde empieza una
o acaba la otra."

VACÍO ABSOLUTO

¿Quién eres?
que pasas delante de mí
pero no mueves mi espíritu,
te siento caminar...
pero tus pasos no oprimen mi alma,
te escucho respirar...
pero tu aire no me envuelve.

¿Qué traes?
si veo tus manos
repletas de caricias vacías,
abres tus ojos...
pero tu mirada no me atrapa,
rompes en llanto...
pero tus lágrimas no humedecen mis venas.

¿A quién buscas?
si yo...
yo ya no existo.

DE TARDES COLOR PARDO

Mi corazón,
como un pedacito de tela gris
me aprieta toneladas
me mata a carcajadas
de histérica poesía
de noches sin descanso
de tristes melodías
y tardes color pardo.

Tu corazón,
¡es mío!
lo he robado en sueños
y en cuentos azules
de madrugadas tristes.

Mi corazón,
es demasiado tuyo...
te lo he entregado en vida,
la vida que tu no ves
de agonía escondida
besos de sol
y noches de amor.

POEMA DE ANOCHE

Anoche te vi
mis párpados oscuros
soñando inquietudes
de niños desnudos.

Anoche te dije
saborear nostalgias
repleta de besos
y nuevas madrugadas.

Anoche te quise
claro abrazo nuevo
robando la luna
bailando en deseo.

Anoche te fuiste
y no pude despertar.

LA PUERTA

Visualizo mi sombra
en la puerta de tu risa
con el metal en mis hombros
y la ciudad vacía.

Me veo temblando entre escombros
con el trueno en mis ojos
y el tráfico en mis venas.

El pavimento
absorbe mi lluvia
y mis labios sangran
sellados por la ira.

Me derrumbo
por la ansiedad y la duda...
la puerta se cierra
y la sombra muere.

POEMA SOLO

No comprendo la noche
que has traído a mi vida
planeta de agua roja
me quema, me rompe
con furia de plata.

No comprendo el silencio
de tus tibias cadenas
dientes violetas
me atrapan, me niegan
el descanso nocturno.

Tu pálido blanco
tu amor poderoso
tan solo, tan lejos
tan mío y robado.

No comprendo la noche
fundida en el tiempo
tan sola, tan lejos.

MALDITO Y BENDITO AMOR DEL DOLOR

Visibles mis huesos
al sol de tu noche,
quemando las entrañas perdidas,
la profunda huella
de tus besos.

Helada mi sangre
al mar de tu desierto,
robando la púrpura esperanza,
la mística angustia de tu aire.

Soy una liquida queja
de mis alegres poesías,
un olvido al viento
de mi forzada agonía.

¡Me dueles!
pero te busco...
como la insensata porfía del destino.

Me atas, te duelo,
¡maldito y bendito amor del dolor!
¡cómo dueles! y cómo...
¡cómo te busco!

El FANTASMA DE TU PESADILLA ETERNA

Llenas mis pupilas de lino y oro
como un rumor criminal
transparente y sombrío,
se desploman en polvo
que salpica el olvido
en un mundo inmortal.

Atrapo el fantasma de tu pesadilla eterna,
lo aplasto y destierro, en vana penitencia.

Un profeta irrumpe en mis húmedas alas,
desata mi luna, me empuja al terror.

Comienzo a volar como una queja
a clavarme en los muros de la ciudad
quiero morder el eco
de aquel precipicio en mi soledad.

Aire frío y silencioso
atrapo el fantasma
pero no aprendo nada...
no lo puedo desterrar.

MOMENTÁNEAMENTE GRIS

No abras los ojos,
no despegues tu piel de las sábanas
cae brisa de mar
condensada en suspiros
la lluvia no deja
brotar el olvido.

Quédate inmóvil,
como aquella dama
que esperó somnolienta
a que un príncipe acabe
con su triste letargo.

Duerme,
que al llegar nocturna esa mañana
momentáneamente gris
te acercarás más al día
en que aquel amor de ensueños
estará a tu lado al despertar.

SAL DULCE

La sal que hiere
puede volverse dulce
dulce, al tocar un instante de esperanza
dulce, al cantar un trocito de calma
de piel
de sol.

Las lágrimas que ahogan
pueden calmar la sed
sed de perdón y paciencia
sed de ilusiones y nuevas sonrisas
sed de amor.

Los gritos que ensordecen
pueden volverse amigos
amigos de un nuevo sueño
amigos de un nuevo cuento
mágico
real
nuestro.

NO ES NORMAL

Luz de luna escondida
en la espesa tiniebla
de una noche que parece normal.

No hay peor anomalía
que mil voces hablando al vacío
lágrimas que cantan
sin saber si morirán
caricias que flotan
sin poderse engendrar.

Es tu ausencia...
¿te parece normal?

AZUL PROFUNDO

Siniestra madrugada
de débil fantasía
encadenando páginas de furia
clavando dientes en mis ojos.

Interminable humedad
de la noche absurda
rio de sonrisas sin tregua
en el metálico ser.

Planeta de rosas secas
desolados besos claros
oro rojo en mi cuerpo
alma de hielo.

Dormido tiempo mudo
con tiranía inexacta
silencio violeta
en el nocturno camino.

Ángel congelado al fuego
de tu azul profundo.

DECRETO

No cabes en mi espacio
tan cuadrado y estúpido.

No eres de mi talla
tan pequeña y absurda.

No tienes la fuerza
de ser para mí.

Y yo...
yo no tengo intenciones
de aceptarlo.

LIBERTAD

Deambulo inquieta
a través de la noche plateada
busco una sombra
donde nada ilumina
busco un suspiro
donde el aire asfixia.

Rio carcajadas dulces
de mi propia miseria
canto a gritos
me escondo
porque no quiero encontrarme.

Deambulo inquieta
a través de la noche plateada
mis pasos se apresuran
y el sudor es hiel
que cubre mis huesos
con sus gotas tibias.

Rio carcajadas dulces
de mi propia miseria
rebusco entre mis dientes
la palabra repudiada
quebrantando en sollozos
para cobijarme con su lluvia.

Deambulo y rio
inquieta y dulce
sin abrazar mi alma
porque esta noche...
me pidió la libertad.

NUNCA MÁS

El hilo se quiebra
en las raíces
de aquel sentimiento
aquel viejo amor
de sospechas ciertas
y engaño taciturno.

La solitaria luna
tiembla, en la calle del olvido
por el alto precio de la mentira
arrullando a gritos
el negado perdón
para adormecer
la frágil conciencia.

¡Nunca más!
dijiste mil veces
y tu risa
fue páramo en mi almohada.

¡Nunca más!
y nuevamente
el hilo se quiebra.

INVISIBLE

Pasas de mis manos
a volar entre harapos
de azúcar bañados
con la gracia inmóvil
de nuestros besos blancos.

Pasas de mi mente
a soñar mordiscos
del lenguaje nuestro
que tanto extrañamos.

Hoy, la noche se esconde
en la miedosa niebla de la esperanza
este inútil viaje
buscando fantasmas
evocando risas
como agujas en el cuerpo.

Pasas por mis ojos
como gato del crepúsculo
te cierras inmóvil
tornando gemidos
en magia que se acaba
que no vibra, que no hechiza
porque se ha vuelto invisible.

GRITO HELADO

Tu grito helado
derrite mi paz
príncipe del miedo
héroe de aquel mundo perfecto
que no existe.

Tu abrazo frío
detiene mis pasos
mojando el desierto
que inunda mi voz.

¡No duelas!
¡no existas más!
maldito recuerdo
que rompe agonías.

¡No me persigas!
¡no aparezcas más!
que, al levantarte encadenas mi espíritu,
que, al incendiarme destierras mi risa.

Calla tu grito helado
rompe tu abrazo frío
no duelas
no existas más.

LA PEOR DE MIS FOBIAS

Delante de mí
luces desgarradoras
besos huecos
palabras puntiagudas
astros y arenas
en un crimen de olvido
que borra y sacude.

Ante mis ojos
cadenas hirvientes
rumores de hielo
carbón encendido
ancianos y soles
que mienten y esperan.

Ahí estás, tú,
cazador del marfil de mis entrañas
amuleto de los vientos y su sangre
tú,
que miras y acusas
ahora callado por mi grito frío
por mi razón y mi sentir...
¡te *fobio*!

DESVELO

A cuenta gotas me irrumpe
la roja sensación de soledad
con su anuncio cautivo
exigiendo espacio
en mi alma diminuta,
se acomoda
se levanta entre suspiros
entre el resplandor
de la interminable noche.

Tengo un tesoro inmenso
que me llena de suave fortaleza
coloreando las lágrimas
de mi profundo desvelo,
este desvelo que existe
con su titánica sombra
opacando mi frágil somnolencia.

Soy prisionera
de ese vacío añejo
cruel y desgarrador
que insiste en ocultarme
el camino hacia la risa.

Desvelo y tiniebla
cómplices de los malos recuerdos
me habitan cadenciosos
hasta hacerme estallar
¿por qué?
pregunto a las horas vacías
¿por qué?
nadie responderá jamás.

CUANDO CAIGA

Quiero estar despierta cuando caiga
que no me sorprenda la lluvia
con los ojos cerrados
cuando todo muera
cuando me destruya
cuando tenga que creer
que fue mi culpa o tu culpa.

Quiero estar despierta
cuando sienta el vacío
no quiero estar en mí misma
cuando te hayas ido
quiero volar y no aterrizar
quiero saberme tuya
sin otro final.

¿Cuánto tiempo más?
¿cuántos besos más?
¿cuánto más, para llorar?

Recuerda...
son solo palabras,
no hay firmeza, ni valor
no existe el coraje.

Recuerda...
tan solo es amor,
tan frágil
tan intenso
tan distante.

¡Tonto amor!
¿por qué no acabas?
¿por qué no me matas de una buena vez?
pero no...
no quiero estar despierta cuando caiga.

GUERRA DE PREGUNTAS

Como una guerra de preguntas
te acercaste a mi techo
cargado de amor y coraje
plagado de lluvia en mi lecho.

¿Traes acaso la mirada triste?
¿los besos nuevos?
¿los cantos que prometiste?

Como una guerra de preguntas
inundas mi soledad
tienes los ojos tan mansos
tan llenos de verdad.

¿Compraste mi olvido entonces?
¿mis nostalgias?
¿mis otoños?

Como una guerra de preguntas
ya no me siento amada
mis manos están vacías
y el silencio...
se hace nada.

euforia

Nombre femenino
Del griego euphoria 'sensación de bienestar'

"Entusiasmo o alegría intensos,
con tendencia al optimismo."

DIME AMOR

Dime amor,
¿qué estrella robo
en el mar dorado del firmamento?
¿qué letra escribo
en la quinta estrofa de nuestro cuento?
¿qué magia busco?
¿qué lirio invento?

Pide un deseo
pide un secreto
pide un cometa
que rompa el viento.

¿Cuán lejos busco
un hada de plata?
¿cuán suave canto?
¿cuán alto sueño?
¿cuán dulce guardo
el beso escarlata?

Dime amor,
no calles nada
seré tu brisa
seré tu almohada
tu baile, tu sombra
tu huella encantada.

¡No digas no!
pídeme abril,
pídeme un astro solo para ti,
canta despacio, yo lo doy todo,
respírame el alma...
pero cree en mí.

INFINITO

Una mirada al infinito
mis versos dentro de ti
gritando que necesito
tu aire para vivir.

Una palabra al viento
mis locuras y poesías
tratando de atar el tiempo
para apretarte a mis días.

Una lágrima al espacio
cuando éste se hace grande
respirando muy despacio
por una ausencia que arde.

Un suspiro y un te amo
que una estrella escuchará
soñando que escapamos
donde nadie más lo hará.

LÁGRIMA AZUL

Tengo una lágrima azul
cobijada bajo la luna
cantando suave
acurrucada.

Dice ser una perla
rescatada del olvido
del profundo mar
que el tiempo congeló consigo.

Dice ser un satélite
de una lejana galaxia
cambió su rumbo plateado
por la tristeza
por la nostalgia.

Dice ser una pizca
de un corazón afligido,
que quiere salir volando
hacia su amor prohibido.

Tengo una lágrima azul
pequeña perla encantada
que brilla como la luna
en mi galaxia de plata.

CLARA ~ CUENTOS & POEMAS ~ EUFORIA

Azul pizca de mi alma
que grita por soledad
la soledad de este amor mudo
que es mi todo
y mi verdad.

HECHIZO

Como un profundo y eterno hechizo
hechizo de amor y canciones
canciones de un alma que quiso
quiso derramar ilusiones.

En cada estrella del universo
universo que lleva su mirada
mirada de luz y verso
verso que se hace tonada.

Razón de mi inspiración
inspiración que sigue sus labios
labios que son pasión
pasión de sus besos sabios.

Amándolo con mi vida
vida que es solo suya
suya y sin su voz perdida
perdida si no me arrulla.

ERES POEMA

Ya escribiste ese poema
el que rompe las penas
el que canta
el que habla.

Ya escribiste ese poema
el que llena la luna de plata
el que impulsa
el que mata.

Ya escribiste cien versos
de alegría y de llanto
que desatan odiseas
que brotan en canto.

Ya escribiste ese poema
el más dulce
el más suave
el que vive y te encuentra.

Ya escribiste ese poema
ese poema eres tú.

CANCIÓN DE AMOR

Canción de amor
cuando tus ojos brillan
cuando tus manos guían
una caricia
una sonrisa.

Canción de amor
llena de poesía
de eterna fantasía
entre tú y yo.

Canción de amor
con palabras y suspiros
con anhelos y delirios
tan tuyos, y tan míos.

Tu voz
tu amor
tu vida
mi canción de amor.

ME PERDÍ

Jamás soñé
perderme en un poema
entre versos y pasiones
que la tinta rasga y quema
para ser vida
y no ilusiones.

Y mientras despiertas
poco a poco
besando suavemente mis temores
borrando tiernamente mis errores
vas convirtiendo el sueño
triste y loco
en realidad
luz y colores.

CONFESIÓN

Confieso que en mi interior
brilla una luz intensa
que me llena de calor
y la dicha más inmensa.

Confieso que tengo vida
sólo por una presencia
por la cual mi piel respira
y mi ser tiene una esencia.

Confieso que soy solo brisa
que dependo de unos ojos
y de una fugaz sonrisa
que perdona mis enojos.

Confieso,
amor de mi vida
que sin ti ¡ya no hay salida!
hoy te necesito y clamo
pues confieso
que te amo.

¿SIENTES?

¿Sientes? amor,
que en un suave vacío
puede caber el alma
puede absorberse tu vida en la mía
compartir eternidades
sin miedo al hastío.

¿Sientes? amor,
que muero por dentro
gritando en silencio
dejando suspiros que saben a luna
robando caricias
buscando las tuyas.

¿Sientes? amor,
que, aunque ya no seas mío
aunque ya no te tenga
mi alma te busca cuando despierta
queriendo ser presa en tus brazos
haciéndose lágrimas
en mil pedazos.

¿Sientes? amor,
¿cómo me siento
cuando ya no te siento?

TÚ Y YO

Entre nosotros,
una caricia
clavada de angustias y temores
sintiendo aquel peso del amor
que puede más que el dolor.

Tú y yo,
los mismos distintos amigos de piel
que le robamos un verso a la eternidad
y hoy no sabemos
cómo volverla a encontrar.

Juntos,
somos la brisa de un mar de cristal
somos un grito, con voz de metal
girando entre luces
y corriendo descalzos
hacia aquel perdido abrazo
que nos vuelva uno, nuevamente uno...
más que antes... uno.

Renacimos,
y somos dos pizcas de luna
dos nuevas sonrisas, heridas y tiernas
que se arriesgan a amar
después de morir.

nostalgia

Nombre femenino
Del griego nostos 'regreso'

"Tristeza melancólica originada
por el recuerdo de una dicha perdida."

CUANDO TE EXTRAÑO

Cuando te extraño
llueven suspiros
techo de luna
que abre la nada
se hace nieve y no vuelve más.

Cuando te extraño
muere el día
deseando abrazar la sombra
que da libertad a un beso
a un sueño.

Te extraño al llorar
bajo el cielo repleto de estrellas
a oscuras
entre música
en la sonrisa...
de aquella pequeña parte de ti
parte del amor de alguna vez
que hoy no está
y se ha convertido solo en algún ¿dónde?
en algún ¿cuándo?
cuando te extraño.

PEQUEÑA POSIBLE LÁGRIMA

Pequeña posible lágrima
que hoy habitas en mí
quieres hacerte grande
quieres hacerte nueva
quieres humedecer mi rostro
y la ausencia que me destruye.

Pequeña posible duda
no salgas a mi encuentro
no trates de asaltarme
como un rayo fulminante.

Corazón lleno de agujas
sonrisa que hoy es de hielo
me has negado la esperanza
y yo quiero rescatarla.

Pequeño imposible amor
¡vive tan solo un poco!
no me mates con la duda
de una posible lágrima.

CARRUSEL

En este carrusel,
de tu vida y la mía,
girando momentos, que no se olvidan...
que marcan sonrisas,
bañadas en llanto,
que roban...
que aprietan...
que mueven los días,
de nuestro eterno "cuándo".

Un "cuándo" que no sabe,
existir sin ilusión,
un "cuándo" que se rompe,
por la amarga frustración.

Ese "cuándo" es "siempre",
y nada más importa,
porque tú y yo
somos un imborrable "siempre",
girando, en el carrusel del amor.

DOLOR E INSPIRACIÓN

El dolor nos empuja con fuerza
hacia un mar de poesía
nos hace suyos a gritos
a golpes de ironía.

Alma que sabe a muerte
mueve un verso el corazón.

Inspiración...
como un puñal
hace la sangre canción.

¿QUÉ HAGO CONTIGO?

¿Qué hago contigo?
si apareces en mis sueños
y te empeñas en mi realidad.

¿Qué hago contigo?
si me esparces tus delirios
y te atreves
a aferrarte a mi verdad.

¿Qué hago contigo?
si me amas y me olvidas
me recuerdas
y te vas.

¿Qué hago contigo?
si me inundas de cariño
y de lágrimas de sal.

Dime
¿Qué hago contigo, amor?
pero sobretodo, dime...
¿Qué hago sin ti?

TE RESPIRO

Te respiro,
en este segundo,
que se ha roto por tu ausencia,
tengo el alma, en talante demencia,
pensando y extrañando,
el día en que vuelva a vivir en tus brazos.

Quiero dormir un sueño extenso,
obviar mis horas grises,
de agonía y fracaso,
que construyen muros,
de dolor, de fiasco.

Quiero soñar un día eterno,
en que tus besos,
se adhieran a mi sangre,
y me permitan vivir,
junto a tus pasos, para siempre.

TE SOÑÉ

Te soñé,
pálida caricia
que apuñala el día
herida de muerte
robada tristeza
que quiebra inocente
la vil ironía.

Mis alas de nieve
bailaban sin prisa
besaban inquietas
tu débil sonrisa.

Rojo amor que me condenas
a sufrir de alegría
reír de dolor
gritar el silencio
y callar la pasión.

Te soñé,
pálida caricia
herida de muerte
por tu ausencia.

MI MENTE GIRA

Mi mente gira
como un reloj de arena
cae sin pausa
como una líquida sombra.

Mi alma naufraga
en un frío de medio día
ilógica...
me abraza
y llora asustada.

Mis ojos
no enfrentan realidades
insensatos...
se cierran.

Nada se mueve...
tan sólo cenizas
a través de mi mente
mi alma
mis ojos.

OJALÁ

Ojalá sintieras
el latir de mis sueños
el cantar de mi risa
y el correr de mis versos.

Intenta respirar
el azul de mis pasos
el profundo beso
el gemido intento.

Percibe la furia
de mi egoísmo
cadenas de fuego
abrazando tu vida
queriéndose clara
mitad de mi alma
robando dormida
lo que despierta clama.

NECESITO

Necesito una flor
sonreír cada día
necesito tu amor
y llorar de alegría.

Necesito unos versos
que se adentren en mis sueños
necesito tus besos
para ser parte de ellos.

Necesito una lágrima
que libere mi prisión
te necesito en mi vida
o perderé la razón.

AMOR PERDIDO

¿Dónde se esconde la risa
cuando te olvida el sol,
cuando te quiere el frío
y te envuelve el dolor?

¿Dónde te atrapa el cielo
cuando te niega el verso,
cuando te llueve el fuego
y te consume el hielo?

¿Dónde se busca un beso...
cuando se ha perdido el amor?

SOLEDAD

Buenos días, soledad
sigues aquí
rebanando espacios
labrando sueños
que no se harán realidad.

Entras despacio
y te mueves al ritmo
de mi melancolía
cruzas caminos
evocas recuerdos
que no volverán.

Bailas pegada a mis sufrimientos
quemas la sal
atando imágenes
del bien y del mal.

Buenos días, soledad
será otra jornada
a merced de tu voluntad.

Seguiré viviendo bajo tu sombra
invocando el milagro
de aquella mañana
en que no despertarás.

DE NOCHE

De noche
tal vez haya estrellas
tal vez haya sueños
risas y piano.

De noche
tal vez haya versos
tal vez haya luna
magia y almohadas
tal vez.

Tal vez de noche
yo seguiré respirando
pero en esta noche
nada es igual
porque no estás.

claridad

Nombre femenino
Del latín claritas 'abundancia de luz'

"Efecto que causa la luz
iluminando un espacio,
de modo que se distinga
lo que hay en él."

¿DE QUÉ ESTÁ HECHA UNA MUJER?

Una mujer,
está hecha de viento,
para cobijar sus sueños,
y sentirse libre,
para convertirse en tormenta,
que a su paso deja huella.

Una mujer,
está hecha de tinta,
para teñir su nombre,
en corazones ajenos,
y dibujar la vida,
en su cálido vientre.

Una mujer,
está hecha de espadas,
que las empuña, sin egoísmo, sin temor,
para defender el alma.

Una mujer,
está hecha de música,
que apasiona al más apático,
y transforma al más nostálgico.

Una mujer,
está hecha de muchas cosas,
pero sobretodo...
está hecha de vida,
y la entregará sin dudarlo,
a cambio de un poco de amor.

EL COLOR DEL CRISTAL

A pocos pasos
de un abrazo que revive
de unas manos que bendicen
y una risa que ilumina.

A pocos pasos
de una lluvia transparente
de caricias que enriquecen
y palabras que florecen.

A pocos pasos
de las mil y una preguntas
¿por qué no encuentras consuelo?
¿por qué no sientes alivio?
¿por qué tú? ¿por qué yo?

A pocos pasos
y a la vez tan distantes
de la única fuerza del cielo
del único amor que es eterno.

Hoy doy un paso
hacia tus manos
tu risa
tu lluvia de caricias
tus palabras en flor.

Hoy doy un paso
cien
un millón...
para comprender y respetar
esa entrega total
y esa mirada tuya
del color del cristal.

PARA TI, MADRE

Hoy eché un vistazo al firmamento
para ver la cara de Dios
rebusqué en un fondo de estrellas
ese rostro que los hombres tanto anhelan
esa fuerza que es toda paz.

Quise conocer en el cielo
¿qué forma tiene tanta grandeza?
¿qué trazos dibujan tanta bondad,
perdón y dulzura?

Quise admirar la fortaleza
que le da vida al vacío
y lo llena de belleza.

Se alegra entonces mi ser
porque no he buscado en vano
encontré al Eterno
en un rostro humano.

Conocí el amor
que todo lo abre
la manera más sublime
de hallar a Dios
es a través de mi madre.

HERMANA

Tienes en tu interior
suspiros de mil veranos
traes el corazón
limpio y puro entre las manos.

Cargas con un dolor
de la inocencia perdida
de frustración escondida
en el fondo del amor.

Brindas con tu sonrisa
audacia y libertad
respiras como la brisa
para vivir de verdad.

Quiero dejarte un latido
y un verso de luna llena
para quedarme contigo
como tu hermana
y tu poema.

MI PADRE

Silencio que dice todo
lo que mi alma espera
mano fuerte y sincera
que acaricia, comparte
y reprende a su modo.

Pasos que ya son lentos
y que el tiempo no aguarda
ángel de la guarda
que no enoja
no reclama
ni expresa sentimientos.

Dame un poco de tu risa
de tus calladas caricias
quítame angustias eternas
que tú sabes esconderlas.

Perdona mi poco dar
si mi silencio no dice nada
es porque quiero guardar
el todo
de tu mirada.

ERES CUENTO

Traviesa dueña del cielo
de mis metas
de mis anhelos.

Tienes los ojos abiertos
juguetones
como soles.

Mi aire... es el tuyo
fuimos y seremos "una"
viento y luna.

Desvivo por tu sonrisa
inocente tan aprisa.

Bailo con tu armonía
y cómo ansío
tu alegría.

Princesa del único cuento
que soñamos
que escribimos
y hoy vivimos.

TÚ

Tú,
pequeña nube de espuma
en mi cielo de fantasías
como una cometa
volando en mi paz...
en mi ser.

Te volviste verso
desde que habitaste mi vientre
me llenas, me cantas
me invitas dentro de ti.

Yo,
Soy una nube
en tu cielo de anhelos
una cometa...
en tu paz
en tu risa.

Me volviste amor
desde que decidiste existir
te llevo
te abrazo
y no entiendo la vida sin ti.

ÁNGEL INQUIETO

Cuida mi mente
ángel inquieto
no llores nunca por mi tormento
en mi tristeza fuiste aquel cielo
y hoy me levanta tu libre vuelo.

Ser diminuto
de manos tibias
que a mis cadenas
el peso alivias
amiga mía, de mis entrañas...
¡sal de mis venas!
duerme en mis alas.

Niña de oro
¡rompe la brisa!
que, ante mis ojos
va tu sonrisa
soy toda viento
no tengo nada
más que esperanza
por ti sembrada.

PAULA

Pequeñita ilusionada
de magia plateada
das brincos de amor
dentro de mi vientre en flor.

Quisiera contarte
lo feliz que me haces
y lo feliz que me harás
cuando me llames: mamá.

Tierna es tu imagen
en mis pensamientos
y solo es ahí donde puedo mirarte
y a través de mi piel tocarte
queriendo hacer míos
tus ojos despiertos.

Ten la certeza
dulce princesa
que nadie como yo
te amará en la vida
ya temo a quien pueda dañarte
y me desvelo
para que nada te falte.

Le pido a Dios
la sabiduría
para regalarte el mundo
y llenar de alegría
tu vida en cada segundo.

Buscaré en mis días
la brisa, la luz y el alba
para poder sembrarla
toda en ti
mi nena
mi Paula.

QUÉDATE

Tantas caricias y suspiros
palabras que no se habían dicho
ahí estábamos, tú y yo
jugando a los escondidos.

Tanto tiempo frente a frente
ignorando lo desconocido
sin saber lo que faltaba
en tu alma, en la mía.

En un abrir y cerrar de ojos
te convertiste sin querer
en la mitad que me faltaba
¡dime otra vez que soy tu cielo!
para podérmelo creer.

Tus manos como pinceles
dibujaron magia en mi piel
ahora yo... escribo sobre ti
mientras que tú... escribes en mí.

Llegaste...
ni esperado, ni anunciado, ni puntual
¡pero qué más da!
¿te quedas?

CUENTOS

ÁNGEL &
PÚRPURA

" Somos cada uno de nosotros
ángeles con tan sólo un ala,
y sólo podemos volar
abrazándonos uno con el otro."

Luciano De Crescenzo

Esa tarde de marzo, Antonia caminaba como si le hubieran robado el alma. Traía la mirada perdida y no se fijaba ni en sus propios pasos. Únicamente cuando escuchó la estruendosa bocina de un auto, se percató de que estaba cruzando la calle sin mirar.

Ella lo sabía muy bien... lo que sucedió «no fue su culpa», y su estado actual no era precisamente falta de entendimiento, sino falta de madurez para afrontarlo.

Como una película, repetía en su cabeza una y otra vez la decepcionante imagen que la había invitado a escabullirse por las calles y deambular sin rumbo fijo.

—¿Estaré exagerando? —se preguntaba Antonia, sin poder evitar sentir rabia, vergüenza y absurdo desconsuelo.

Sin decir una sola palabra a nadie, llegó a casa directo a meterse bajo sus alentadoras cobijas, pretendiendo borrar con ayuda del sueño nocturno, su triste día. Sin embargo, lo que consiguió con el desvelo fue quedar aún más agobiada.

Luego de casi cuatro horas de dar mil vueltas sobre el colchón, despertó cansada y con dolor en el cuerpo. Se levantó directo a mirarse en el espejo y decidió repetirse mentalmente que todo fue un malentendido, que tenía muchas razones para olvidarse de todo, volver a creer y seguir su rutina sin sentirse devastada. Sin gracia se vistió con lo primero que encontró y maquilló su tristeza con colores al azar.

Lo primero que vio al llegar a su oficina fue una nota que le había dejado su jefe, notificándole que debía tomar el primer vuelo disponible para una reunión fuera de la ciudad.

—Maldición —dijo en voz baja—, pensando que lo último que quería era tener que sonreírle a un montón de clientes idiotas y mantener conversaciones irrelevantes, pero a la vez profesionales.

Terminó unos escritos en el computador y alistó su carpeta completa. No faltaba nada... o al menos así lo esperaba. Al salir de la oficina su teléfono comenzó a sonar, Antonia se sintió tentada de regresar a su escritorio y contestar la llamada, pero decidió ignorarlo, cerrar la puerta y buscar a la secretaria que tenía listo lo que le hacía falta para su viaje.

Tomó un taxi rumbo al aeropuerto y en el camino su mente no pudo evitar divagar.

En el avión se sintió cómoda, le gustaba volar y al menos tenía algo diferente en que pensar, intentaba no estar demasiado irascible... lo intentaba en realidad.

Suspiró al verse parada en la calle esperando un taxi, algo la inquietó y como magnéticamente miró a su derecha.

Vio el rostro risueño y gracioso de un niño, lo etiquetó de inmediato como un niño muy pobre, a lo mejor sin hogar, por su ropaje destruido y carita sucia.

—¿Me da una moneda? —dijo el niño—, aprovechando el cruce de miradas.

Pero Antonia quedó como flotando en una idea extraña que rondaba en su cabeza.

—¿Me da una moneda? —repitió el niño.

De pronto un taxi se estacionó justo frente a Antonia, ella lo abordó en silencio, sin dejar de mirar fijamente los ojos del pequeño, como si estos la absorbieran y la transportaran hasta el centro de algún lugar lejano.

Llegó a su cita con más de veinte minutos de anticipación, se anunció con la secretaria y la confinaron a esperar en una silla poco cómoda.

No tenía muchas ganas de leer indicadores económicos o análisis empresariales, mucho menos horóscopos o consejos de belleza de las revistas de la mesita. Así que se sirvió un vaso de agua y se paró junto a la ventana... después de todo estaba en un piso veintitrés y había que aprovechar la vista.

—Disculpe señorita, el gerente no la puede atender ahora, dice que vuelva después del almuerzo —le dijo la secretaria, con una sonrisa de exagerada o más bien fingida educación. Antonia apenas pudo disimular el disgusto.

«¿Qué no sabe este hombre que he viajado desde otra ciudad solo para esto?», pensó Antonia mientras bajaba en el elevador, rebuscando en su cartera algo de dinero sencillo para el taxi.

Solo después de que el conductor le preguntó hacia dónde debía llevarla, se percató de que no tenía idea de a dónde ir—. Lléveme a un buen sitio para almorzar, cerca de aquí, por favor —respondió.

«Necesito algo dulce», pensó, y decidió pedir únicamente un postre; mientras esperaba al mesero, recorrió con la mirada el lugar en el que tendría que matar al menos dos horas de su día. Comió lentamente sin poder dejar su mente en blanco, recordaba cosas y reanudaba en su cabeza conversaciones que la ponían de mal humor, no podía evitarlo, estaba presente aquella imagen de ayer.

Accidentalmente dejó caer el tenedor al suelo y tuvo que agacharse a buscarlo bajo la mesa, solo después de estar un rato tratando en vano de encontrarlo volvió a acomodarse y se sorprendió con lo que tenía frente a ella.

Una mano pequeña y reseca le acercaba silenciosamente el cubierto. Era de nuevo aquel niño del aeropuerto con sus ojos grandes y absorbentes, clavados fijamente en ella.

Antonia le dio las gracias, un poco incrédula... y sin que se le ocurra nada más inteligente que agregar le preguntó—¿Vienes por otra moneda?

—No puedo querer otra moneda señora, ya que usted aún no me ha dado ninguna.

—No es obligación de nadie dar dinero a todo el que lo pida.

—Tampoco es obligación de nadie recoger los cubiertos que otros dejan caer —concluyó el niño.

Medio extasiada por las ágiles respuestas del niño, Antonia quiso preguntarle su nombre y dónde vivía, pero en ese momento sonó su celular: era su jefe.

Atendió la llamada con discreto respeto hipócrita, dándole el reporte completo del hasta ahora desperdiciado viaje de trabajo, mientras rebuscaba sin parar en el fondo de su cartera.

Pasaron unos minutos hasta que ella colgó el teléfono, finalmente sacó de la cartera la moneda que estaba buscando y volvió la vista, al tiempo que extendía su mano para entregársela al niño, descubriendo con sorpresa que ya se había ido.

La reunión se dio por fin luego de una espera más prolongada de lo que le habían anunciado, sin embargo, no se concretaron todos los temas del negocio, por lo que el cliente le pidió a Antonia que se quedara un día más en la ciudad, a lo cual ella, sin otro remedio, accedió.

Salió del edificio con intenciones de buscar un hotel y alguna tienda para comprar ropa, ya que no quería presentarse mañana en la cita de las diez de la mañana con lo mismo que traía puesto hoy.

En la tienda deambuló un rato, mirando indecisa todas las prendas disponibles, las cuales le parecían muy serias, muy informales, muy coloridas, muy aburridas, muy ordinarias y hasta muy caras.

—Tengo que concentrarme —se dijo en voz baja—. No puedo creer que ni siquiera comprar ropa me ponga de buen humor.

Finalmente escogió lo que compraría y se dirigió a la caja para pagarlo, en el camino notó que había un alboroto en la puerta del almacén, en donde intervenía el guardia de seguridad y uno de los vendedores.

—Este niño es un ladrón —acusaba el vendedor, mientras el guardia sostenía con los brazos a un niño y este trataba de zafarse. «Esto es demasiada coincidencia», pensó Antonia, mientras se acercaba para comprobar que se trataba de la misma personita.

—¿Tienes dinero para pagar esto? —preguntó el guardia con brusquedad al niño, que miraba a Antonia con ojos avergonzados.

—Claro que no tiene dinero, es un mendigo —agregó el vendedor, mientras le quitaba al niño lo que apretaba con sus manos... una pequeña cajita.

—Disculpe —interrumpió Antonia—, quien no pudo evitar entrometerse, y empujada por una mezcla de incertidumbre y curiosidad decidió intentar sacar al muchacho del problema.

—Dejen al niño tranquilo, por supuesto que tiene con qué pagar, él viene conmigo.

El guardia y el vendedor la miraron incrédulos, ¿Cómo una señorita tan bien vestida podría andar con un mendigo andrajoso y lleno de mugre?

—¿Está segura señorita? —cuestionó el guardia, con una actitud que oscilaba entre rabia con el niño y su responsabilidad de nunca molestar ni contradecir a los clientes de la tienda.

—Claro que lo estoy, déjelo tranquilo ahora mismo que ya terminamos nuestras compras y vamos a pagar, pero si duda de mí también, lo invito a llamar a su supervisor ahora mismo.

Salieron juntos del almacén, sin intercambiar palabra. Una vez en la calle, caminaron hacia la esquina y Antonia decidió romper el hielo y preguntar al niño su nombre.

—Me llamo Víctor —respondió.

—Bueno Víctor, hay algo que necesito saber —añadió Antonia, con todas las intenciones de interrogarlo.

—Es para usted —interrumpió de inmediato Víctor, alcanzando dentro de la bolsa la pequeña cajita.

—¿Para mí? —preguntó ella—, evidentemente molesta por la irónica respuesta—. ¡Qué gran mentira! ¿Sabes qué? en realidad no necesito que me respondas para qué estabas sacando esto del almacén, solo dime ¿Pensabas pagarlo?

El niño finalmente bajó la mirada, cosa que no había hecho ante ella antes, no desde su primer encuentro.

—Le pagaré —dijo el niño con voz entrecortada.

—No es eso lo que quiero —reclamó Antonia con tono desesperado, y sin conseguir más palabras del niño, le entregó la cajita en sus manos y se marchó en un taxi rumbo al hotel.

Era la segunda noche prácticamente en vela, no podía creer que tenía mil cosas dando vueltas en su cabeza, quería con todas sus fuerzas dejar su mente en blanco, pero era imposible.

En lo que pareció un abrir y cerrar de ojos, despertó con el timbre del teléfono de la habitación, tal como había programado en la recepción del hotel la noche anterior. Suspiró, confirmando internamente que su cuerpo pedía a gritos unas vacaciones, o quizás un trabajo nuevo, o mejor aún... ¿una vida nueva?

Esperando nuevamente en los asientos fuera de la oficina de su cliente, esta vez sí se conformó con echarle un ojo a las revistas de la mesita. —Aprenda a curar las fobias en 10 pasos —leyó el titular en voz muy baja y con un tono absurdo que revelaba su escepticismo.

Por fin terminó su reunión, la cual fue muy exitosa, y si algo era seguro era que faltaba cada vez menos para poder irse a casa.

Pasó por el hotel a recoger sus pocas cosas, y con un poco de tiempo extra, antes de su vuelo, decidió quedarse en el restaurante del lobby tomando un café.

Estaba pensativa, no podía sacar de su mente la cara de Víctor. ¿Qué sabía sobre él? Absolutamente nada. Solo que tenía una energía muy especial y diferente que nunca había percibido en un ser humano, además una misteriosa y particular sintonía para encontrarse con él en lugares inesperados.

En tan solo un día se había cruzado tres veces con un perfecto extraño. La siguiente "coincidencia" ya no la tomó tanto por sorpresa e hizo una mueca, que pudo ser una sonrisa, al verlo parado en el andén del aeropuerto. Él se acercó a ella, apurado. Esta vez no estaba ahí por casualidad, sino con la explícita misión de entregarle un sobre.

—Le dije que le pagaría —dijo el niño, que ya había recuperado esa mirada impenetrable y segura que lo caracterizaba.

—¿Por qué me estás dando dinero? — dijo Antonia escandalizada—. Te dije que no lo quería.

—Cuéntelo, está completo.

—No te ayudé con la intención de que me pagues, solo me hubiera gustado saber por qué razón querrías algo de una tienda tan costosa.

—Yo ya le contesté esa pregunta ayer, pero usted no quiso escucharme.

—¿Cómo pretendes que crea que ibas a darme un regalo a mí? ni siquiera me conoces.

—Ahora ya la conozco, aunque no sé su nombre.

—Soy Antonia... y tú Víctor... pero eso no resuelve el misterio de que te has atravesado en mi camino tantas veces, en una ciudad tan grande; solo te digo que no hace falta que me pagues este dinero —e insistió poniendo el sobre en las manos del niño, y agregó—. Quédatelo, lo vas a necesitar.

—¿Cómo sabe usted lo que yo necesito?

—¿No es obvio?

—Pues en ese caso, yo siempre supe lo que usted necesitaba.

—¿Lo que "yo" necesitaba? —Antonia soltó una carcajada y solo por la ironía lo invitó a continuar—. A ver Víctor, dime ¿qué es lo que yo necesito?

—Un ángel —respondió el niño, tan seriamente, que Antonia sintió que se le erizaba la piel.

—¿De qué estás hablando?

—¿No es obvio?

Al decir esto y cuando Antonia quiso reaccionar ante tan abrumadora conversación, Víctor ya se había marchado.

Ya sentada en el comedor de su casa, Antonia se sentía como ausente. Su madre, a quien consideraba su mejor amiga, entró agitada luego de hacer varias diligencias, hablando sin parar, del tráfico, el calor y las noticias; mientras acomodaba por todos lados las cosas que traía en los paquetes del mercado, la lavandería y toda la correspondencia.

Saludó a su hija con un beso en la frente.

—¿Cómo te fue hijita? Mira, llegó esto para ti —dijo, entregándole un paquete pequeño.

Antonia se puso pálida—. ¿Qué es esto? —preguntó, aunque ya había reconocido atónita el aspecto del paquete.

—¿Cómo puedo saberlo hija? —le contestó entre risas—. Está a tu nombre, ábrelo.

Antonia tomó delicadamente la cajita, le quitó con cuidado las cintas y la abrió con una lentitud abrumadora.

Tenía en sus manos la misma cajita que ayer causó tanta polémica... pero ¿Cómo? ¡Era imposible! ¿Cómo pudo llegar hasta ella? Tenía tantas preguntas.

Terminó de abrirla y sacó de su interior un pañuelo de seda, color púrpura.

Lo miraba extasiada, sin creerlo cierto, solo sabía que era real porque lo tenía en sus manos y podía percibir su aroma, un aroma sutil como las flores y una textura suave, como si estuviera tocando las nubes.

Se le llenaron los ojos de lágrimas, y su madre, aún sin comprender lo que estaba sucediendo, decidió simplemente acompañarla con un respetuoso silencio.

Antonia le contó a su madre todo lo ocurrido los dos días anteriores: su mal humor, su frustración, su inconformidad, su tristeza, su falta de interés por su trabajo y su misterioso encuentro con aquel niño, llamado Víctor.

—¿Un ángel? —susurró Antonia.

Se desahogó en risa y llanto, sintiéndose completamente renovada. Su madre escuchaba con atención cada palabra, y cuando Antonia terminó de hablar, solo quedaba una inquietud...

—Pero Antonia —preguntó su madre—. ¿Qué fue lo que ocurrió hace tres días que te tenía tan deprimida y desorientada?

A lo que ella respondió con una sonrisa:

—La verdad, ya no importa.

EL SILENCIO
DETRÁS
DEL RUIDO

" El ruido de un beso
no es tan retumbante
como el de un cañón,
pero su eco dura mucho más."

Oliver Wendell Holmes

Sara intentó retocarse el maquillaje que ya llevaba más de ocho horas añejándose en su rostro, ocho largas horas, abrumadoras e inquietas, que resultaron interminables y que nunca olvidaría.

Se distrajo unos minutos observando absorta la vela que estaba prendida sobre la mesita del baño. La luz del fuego jugueteando inquieta en las paredes, el sonido y las extrañas figuras que la llama creaba a merced del aire, nunca iguales, brillantes y misteriosas, la hacían pensar en su propia imagen... en sus propios ojos, que carecían de brillo desde hace ya mucho tiempo, cinco años para ser exactos.

Luego de refrescarse, salió dispuesta a adoptar su acostumbrada pose de artista, de mujer segura de sí misma, de ganadora.

La sala estaba repleta de luces y gente vestida a la moda, murmurando los últimos chismes de la sociedad: lo exquisito que estaba el caviar y cuánto dinero fue gastado sin remordimiento en sus más recientes viajes.

Sara llegó tarde al evento, pero nadie pareció notar que su entrada no fue triunfal como de costumbre, sino más bien por la puerta lateral, por donde logró escabullirse, entre las bandejas cargadas de copas de champaña vacías y las miradas de los meseros incrédulos, demasiado atareados para detenerse a hacer preguntas. Así entró, de la pared al baño y del baño al torrente de atención de sus "amigos" y compañeros del gremio.

Su padre la divisó entre la multitud, esperó un par de minutos para no interrumpir la historia sin gracia -y además repetida- de la esposa de Carlos, su socio y amigo de muchos años; entonces se abrió camino con el vaso de whisky en la mano, con hielo como lo tomaba siempre, aun antes de conocer a Lidia, y aun después de perderla.

Separó a Sara del grupo excusándose con un gesto hipócrita.

—¿Dónde estabas? —preguntó sin mirarla mientras miraba a otros sonriéndoles, asegurándoles con gestos que continuaba en la reunión.

—No sé de qué hablas papá, yo llevo aquí un buen rato. — contestó Sara, en similar intercambio de miradas y gestos con diferentes personas de otros grupos, como si los guiños y los saludos a distancia validaran las relaciones más superfluas—. ¿Ya probaste el caviar? Está horrendo.

Benjamín Alonso detestaba la charla superficial, un inconveniente muy particular tratándose de una persona que pasaba la vida en reuniones sociales, haciendo negocios con gente adinerada como él, pero a los que nunca podría ver como sus similares. Él tenía algo de lo que ellos carecían, venía de otro entorno, se había ganado su dinero de manera inteligente, no lo había heredado como ellos; su cuenta de banco no dependía de su apellido, por lo menos, no antes de conocer y darle ese mismo apellido a su esposa Lidia, excepcional actriz y hermosa mujer en todo sentido.

Benjamín amó a Lidia desde el primer día en que la vio entrar en la estación de radio. Sus manos pequeñas, cabello oscuro y sonrisa natural, tapada a medias por el sombrero de moda, que tuvo que quitar de su cabeza para poder ponerse los audífonos en la cabina de audio. Entre la sobreprotección de su agente y las bromas improvisadas del locutor, Benjamín no podía quitarle los ojos de encima.

Detrás del vidrio, tan relajada y encantadora, riéndose de ella misma, mientras trataba de acomodar las ondas de su cabello a la aparatosa diadema de sonido.

«Su belleza no es normal», pensó; y el resto de la entrevista se escuchó en su mente como el susurro del mar al atardecer.

Pudo haber aprovechado su posición de dueño de la estación para atrevidamente acercarse a ella luego de la entrevista, persuadirla de salir con él, de aceptar una cita; después de todo, cualquier medio de comunicación es para un artista una plataforma imprescindible.

A una actriz que apenas estaba comenzando su carrera, le convenía que Benjamín Alonso, joven y atractivo empresario, estuviera impresionado con ella. Pero Benjamín, aun sintiendo que el corazón le latía en el cuello, siempre fue un hombre muy inteligente, él sabía y sentía que, en este caso, no se trataba de que ella lo cautivara a él, sino de ser él, quien debía causarle a Lidia una buena impresión, de manera honesta, de manera real.

Por esa razón no se dejó ver durante la entrevista, estuvo parado detrás de la vitrina, camuflado entre las repisas llenas de discos y casetes, que ya descansaban polvorientos, cual dinosaurios a punto de extinguirse, tras la reciente aparición de los CD.

Lo que sí aprovechó Benjamín, fue el contacto que su amigo Carlos tenía con el agente de Lidia y así, gracias a una lista de "favores pendientes" y un par de llamadas, no fue difícil conseguir más información sobre su nueva obsesión. Ya sabía el horario en que Lidia salía de la academia los martes, y los días que visitaba a su madre en el hospital. Sabía que vivía con dos amigas en el centro de la ciudad, y que luego de tres años de audiciones fallidas y sueños postergados, por fin había conseguido un papel importante en la película del momento; finalmente un logro relevante en su carrera.

Era sábado por la tarde, Benjamín hizo caso omiso del pronóstico del tiempo, dejando en su casa el paraguas y abrigo, y salió, repasando mentalmente lo que diría en su "encuentro casual" con Lidia y sus amigas. Todo estaba planificado y fríamente calculado.

Cuando tropezó con ellas, saliendo del teatro La Colonia, no fueron las palabras ensayadas para parecer improvisadas, ni la caballerosa recogida de las carteras que cayeron al piso luego del estrellón, ni la prisa de buscar el "Cafecito" más cercano para refugiarse luego de que comenzara a llover a cantaros de un momento a otro. Tampoco fueron las risitas cómplices de sus amigas, ni las miradas críticas de los demás clientes del café, o el olor a ropa húmeda tras el aguacero, ni la música estruendosa de la radio mal sintonizada lo que conectó sus ojos... No fue nada de eso; sino el choque eléctrico de dos almas jóvenes que se amarían hasta el fin de sus días; estaba escrito.

En poco menos de un año ya se anunciaba en la prensa y se escuchaba en las conversaciones de los círculos sociales: "Lidia y Benjamín Alonso, contraen matrimonio en ceremonia privada".

Así fue, privada a petición de Lidia, ella nunca fue de reuniones ostentosas y, además, su madre llevaba varios meses en cuidados especiales, despierta pero ausente, mirando fijamente a la ventana sin responder o sonreír; tranquila, pero ciertamente atormentada por todos los temas que quedaron pendientes con su hija.

Cada semana Lidia se sentaba junto a su madre en la fría cama del hospital, para leerle varios capítulos de novelas clásicas, sus preferidas.

Hasta el día en que, vagamente sonriendo, escuchó el último capítulo y como presintiendo que Lidia había encontrado al príncipe de su propia historia, cerro sus ojos y descansó.

El gusto y pasión por la literatura corría en su sangre, cuando la madre de Lidia escogió su nombre, fue pensando en los ojos azules y cabello oscuro de la protagonista de "Una Estación de Amor", de *Horacio Quiroga*. Y Lidia a su vez, bautizó a su primogénita, Sara, en honor a "La Princesita", de *Frances Hodgson Burnett*. Y esto tenía mucho sentido porque Lidia y Benjamín estaban tan enamorados, que su hogar se sentía como un castillo y su hija se convirtió en el tesoro más valioso de su reino.

—¡Papá! —La voz de Sara sonó desafiante—. Ya sé que no estás de acuerdo con mi decisión y que prefieres pretender que nuestra conversación de esta tarde no sucedió; pero tienes que respetarla, ya no soy una...

—Ya no eres una niña, lo sé —interrumpió Benjamín, que además de incómodo se sentía molesto porque los hielos de su whisky estaban por desaparecer—. Pero eso no quiere decir que no tomes decisiones absurdas. ¿Tienes idea de lo que está en juego gracias a tus impulsos de adolescente?

—¿Adolescente? ¡Papá, tengo 23 años! —dijo Sara mordiéndose los labios por la frustración—. Fui adolescente cuando aún éramos una familia, antes que mi madre...

—¡No se te ocurra nombrarla! —interrumpió nuevamente su padre, esta vez con un grito; que tuvo que ahogar en la mitad de la frase, al darse cuenta de que seguían en el evento, siendo el centro de atención, rodeados de gente y medios de comunicación.

A Sara se le llenaron los ojos de lágrimas, y entregando su copa vacía al primer mesero que encontró en su camino, salió apresurada del salón, no sin atraer algunas miradas y causar murmullos y especulaciones tras su abrupta partida.

Al día siguiente, su teléfono no había parado de sonar toda la mañana, pero Sara no salió de la cama hasta pasadas las dos de la tarde, no había conseguido dormir en toda la noche, y el cansancio la venció ya entrado el amanecer. No había escuchado las cinco llamadas de su agente, ni el timbre de los mensajes de texto de su publicista.

Tampoco escuchó cuando llamaron del periódico tratando de pescar una entrevista, ni las notificaciones de las cuentas de redes sociales anunciando las fotos y reseñas de los blogs de cultura y entretenimiento.

No era extraño que Sara tuviera la habilidad de acoplarse al ruido, al punto de hacerlo parte de su sonido ambiental. Desde pequeña detestaba el silencio, sentía que al estar todo callado era una señal o anticipación de que algo malo sucedería. Por eso se acostumbró, apoyada por su madre, a estar constantemente rodeada de sonidos: podía ser la radio, la televisión o incluso una puerta o ventana abierta que dejara entrar la música, las conversaciones o los ruidos de la ciudad.

—La vas a malacostumbrar —le decía Benjamín a Lidia, quien admitía sin reparo su culpa de malcriarla, de desbocar en ella todas sus atenciones, sus esperanzas, después de todo era su pequeña princesita, que no correría la misma suerte de la niña del cuento; pero que mostraba similares rasgos de carácter, la habilidad de inventar historias y estar de buen humor casi todo el tiempo.

Sara creció admirando a su madre y devolviéndole cada día con su risa y su complicidad, todo el amor y mimos que Lidia le entregaba sin limitaciones. Benjamín, aunque un poco celoso, compartía ese ir y venir de atenciones de madre a hija y viceversa, y se alegraba de presenciar en primera fila los mejores momentos de las dos mejores personas de su vida.

Sara amaba también a su padre, pero Benjamín no era como su madre. Benjamín amaba a Sara, pero Sara no era Lidia. Ese magnetismo, ese espíritu limpio que cautivaba todo y a todos, solo podía existir en una persona, y esa persona era Lidia Alonso.

La mañana después de su cumpleaños dieciocho, Sara no se sentía como un adulto; no se sintió así cuando le entregaron las llaves de su auto, ni cuando le pidieron que firme los formularios de la universidad de Barcelona donde aspiraba estudiar literatura, tampoco se sintió como un adulto cuando supo que no necesitaría permiso de sus padres para comprar ese pasaje de avión que tanto había soñado y planeado desde que era una chiquilla... y definitivamente, no lo sintió cuando le dijeron que debía reunirse urgentemente con su padre en el Hospital Central, ya que su madre había sufrido un accidente y estaba muy grave.

Cinco años después, no era solo la ausencia de su madre la que pesaba en el aire cada noche sin dejarla dormir, sin importar cuan alto estuviera el volumen de la televisión o cuanto ruido hicieran los vecinos en las calles de la ciudad. Todos esos sonidos, como su vida, se sentían ajenos.

Sara se propuso fingir que su dolor era manejable, que podía mantener el buen humor para sobrellevar la situación, fingir que nunca quiso comprar ese pasaje ni mudarse lejos de casa, que su lugar era al lado de su padre, llenando ese vacío, fingir que podía ser como su madre, y como su madre fue actriz, Sara se convenció de que también podía fingir eso, después de todo, "actuar" es una forma de "fingir".

—¡Te he llamado mil veces! —le dijo frustrado su agente, cuando Sara finalmente atendió el teléfono.

—No seas exagerado, y por Dios baja la voz que me duele la cabeza —respondió Sara, mientras ponía a calentar una taza de agua en el microondas y destapaba con la mano que no tenía ocupada, el frasco de café instantáneo.

—Se nota que no has visto nada de noticias, por eso suenas tan tranquila. ¿Cuándo pensabas decírmelo? ¿O es que me perdí de algún correo electrónico o mensaje en twitter? —preguntó él, pasando de tono frustrado a sarcástico.

Fue entonces cuando Sara se dio cuenta que la escena con su padre durante la fiesta de anoche, era la pieza que faltaba para confirmar las sospechas de los periodistas, alimentados por los empleados de la radio, que los habían escuchado a ambos discutiendo más temprano en la estación, donde Sara le había anunciado a su padre su decisión de renunciar a la actuación.

Esa mañana comenzó como tantas de los últimos años, vacías, sin espíritu. Llevaba pocos meses viviendo sola en un apartamento en el centro, un edificio seguro, con conserje y guardaespaldas, una "necesidad de protección" impuesta por su padre.

Se vistió y se maquilló más de la cuenta, era parte de su rutina ya que siempre había fotógrafos y periodistas en la calle desesperados por una imagen de Sara Alonso, hija de la inolvidable Lidia Alonso, quien continuaba trayendo fama y gloria a la familia aun después de su partida.

Bajó en el ascensor y le insistió a su guardaespaldas que no la acompañe, que le permita ir sola, aunque sea al supermercado.

Salió y luego de caminar solo un par de cuadras, se topó con una familia en una esquina, vestían ropa desgastada y sucia, evidenciando pobreza; caminaban a prisa, no por opción sino por necesidad.

La niña más pequeña de la familia, tomaba la mano de su madre y aprovechando la seguridad que se notaba le infundía, descuidaba el camino para voltear su mirada sin disimulo, hacia Sara, quien al parecer se le antojaba graciosa, ya que soltaba risitas entre sus dientes.

La madre se detuvo un momento y tomó a la niña en sus brazos para apretar el paso.

¿Dónde iban? ¿Quiénes eran? En realidad, no importaba. El brillo en los ojitos de esa pequeña lo decían todo. No necesitaban mucho, se complementaban.

Sara se sintió como la princesita del cuento, no se había visto privada de riquezas ni de la casa lujosa en la que creció. Nunca le quitaron su apellido ni dejó de ser el centro de atención de los medios. Pero ¿de qué le servía todo eso?

Su pobreza se veía reflejada en su día a día, y su vacío más grande era el no poder realizar sus sueños, esos sueños que su madre le había insistido siempre perseguir. Pero ¿qué sentido tenía perseguirlos? si su madre no estaba presente para motivarla, y su padre, solo buscaba en ella los rezagos de su madre.

—Por lo menos respóndeme ¿o es así que piensas terminar nuestra relación de cinco años? —insistió su agente.

—No te lo tomes personal. —le contestó ella. Tengo otras cosas que resolver.

—Supongo que así será, y, por cierto, espero que lo de tu padre no sea grave. —añadió.

—¿Mi padre? ¿De qué hablas? —preguntó angustiada, pero él ya había colgado el teléfono.

Con un nudo en la garganta siguió su instinto de leer las noticias del día. Los titulares anunciaban: "El ocaso prematuro de Sara Alonso ¿será también el de su padre?", "Las tragedias de los Alonso".

Sara tomó el teléfono asustada luego de leer por encima las historias de la prensa amarillista, tantos años lidiando con chismes y titulares falsos, y esta vez no sabía qué creer o cómo reaccionar. Marcó al celular de su padre, sin obtener respuesta.

Frustrada, siguió leyendo más noticias: "Alonso, padre decepcionado al filo de la muerte." "Sara Alonso renuncia, mientras su padre se aferra a la vida."

Tomó su abrigo y salió a toda prisa del apartamento, dejando servido el café que ni siquiera probó, y poniéndose en el camino los primeros zapatos que agarró al salir corriendo. En su mente cruzaban mil ideas, su corazón latía a mil revoluciones, sus ojos se llenaban de angustia líquida.

Cuando salió del elevador en el primer piso, su teléfono sonó, era Carlos el socio de la estación, devolviéndole la llamada desde el celular de Benjamín.

—Sara, vi tu llamada perdida —le dijo—. Ven al hospital, tu padre tuvo un accidente y está muy grave.

«No, otra vez no por favor», pensó Sara, mientras caminaba ya sin poder contener las lágrimas. Paró un taxi, y al poco rato se encontraba sentada en el corredor gélido del hospital, el mismo escenario donde cinco años antes había sentido que perdía el control de su vida entera, y no era tan solo un sentir, así fue.

Carlos, que ya había agotado todas las palabras de aliento posibles para animar a Sara, se tumbó en un asiento junto a ella, luego de contarle brevemente que la noche anterior, al poco tiempo de que ella saliera intempestivamente del evento, Benjamín se había acercado de manera silenciosa a un grupo de colegas de la estación, y al sorprenderlos murmurando sobre él y su hija, había desatado una tempestad de insultos y sermones sobre la cantidad de asuntos de mayor importancia que podían tener para hablar y hacer, en lugar de meterse en vidas ajenas, que ni ellos ni nadie sabía lo que era estar en el lugar de otras personas, y que quién les había dado el derecho de intervenir, imponer sus deseos absurdos y egoístas y arruinar así los sueños de la persona más importante en su vida.

En medio de su discurso Benjamín sintió que se le ahogaba la voz, al darse cuenta que no estaba reprochando al grupo de chismosos ni cuestionando sus acciones, sino las suyas propias.

—Mi hija es lo más importante de mi vida —le dijo a Carlos, temblando mientras terminaba su vaso de whisky—. Lo más importante, y la he decepcionado. He sido un egoísta.

Carlos le contó a Sara como intentó detener a Benjamín al darse cuenta que salió muy ofuscado y que había bebido demasiado, pero no pudo persuadirlo ni tampoco alcanzarlo, fue muy tarde.

Se lo explicó una y otra vez, pero Sara no escuchaba más, en su mente solo repetía «No, otra vez no por favor»

El médico los tomó por sorpresa al salir a buscarlos al corredor—. ¿Familia Alonso? —preguntó—. Pueden pasar a ver al paciente.

Siete meses después, Sara caminaba descalza por el primer piso, siempre le gustó sentir el frío de las baldosas adhiriéndose a la planta de sus pies. Con su cabello recogido en un moño, se deslizaba despacio mientras escribía en una libreta y repasaba en voz alta sus notas, mordiendo intermitentemente la parte de atrás del lápiz y anotando más ideas.

La luz entraba por la ventana lateral que daba al jardín de la casa donde creció, y donde tantas veces había reído por las mañanas, con su madre, preparando el desayuno... donde había pasado horas sentada bajo las escaleras centrales, garabateando en su cuaderno favorito e inventando nuevas aventuras todas las tardes; esa casa donde siempre estaba la radio encendida, o la televisión, o la ventana abierta para dejar entrar el ruido de la calle.

Detrás del ruido -que para Sara traía más serenidad que el silencio- se escuchó la voz de Benjamín.

—Si vas a preparar café, el mío lo quiero con poca azúcar.

—Papi ¡me asustaste! —dijo Sara soltando una carcajada y colgándose espontáneamente de su cuello.

—Ay hija, estoy viejo, pero no tan feo —respondió con un tono pícaro, y la tomó del brazo para distraerla mientras le quitaba la libreta de las manos.

—No lo leas, aún no está terminado —le dijo sonrojándose.

—Estoy seguro que estará perfecto —añadió su padre—. La Universidad de Barcelona tendrá el honor de graduar a la mejor escritora de los últimos tiempos... y yo, siempre seré el padre más orgulloso y afortunado del mundo.

EL LADO
DERECHO

" Todas las batallas en la vida
sirven para enseñarnos algo,
inclusive aquellas que perdemos."

Paulo Coelho

Sensitivo, es así como soy, y es de la única manera absurda en que puedo actuar. Todos piensan que estoy loco, pero no es así, simplemente no encajo con la gente zurda.

Víctima de una simple casualidad, encontré a Natalia, en aquella callecita de cien recuerdos y melancolías... ojalá fueran solo eso, recuerdos, pero es inútil tratar de olvidar, como tan inútil resulta querer retroceder el tiempo.

La tenía ante mis ojos, nuevamente, y ante mi vida, como siempre.

Me contó de su embarazo y me fue imposible evitar sentirme malhumorado, una corriente de ira y frustración recorrió mis venas hasta invadir mi cabeza.

Ella continuaba relatando detalle a detalle su historia, mientras yo, con cada palabra que escuchaba, perdía por completo la mía.

Pensé que solo invocando a todos los ángeles podría comprender su equivocada alevosía, tal vez sería fácil comprenderla, acaso si pudiéramos ver los errores de los demás como si fueran propios, pero no es así, las equivocaciones ajenas se convierten en piedras, piedras que no dejan de estorbar en el camino; mientras pensamos que las nuestras propias, son más sencillas de sepultar...

Ella y sus historias de colores irreales, ella y sus caprichos, ella y sus complejos, siempre ella... y yo ¿de dónde sacaría fuerzas para liberarme de este huracán que lleva su imborrable nombre?

¡Es imposible! Solo invocando a todos los ángeles.

Claro, ahí es donde aquella parte lógica, que dicen todos tenemos, podría hacerse presente, pero en una personalidad como la mía, se trata de una parte tan insignificante.

Mis ojos tratan de centrarse lejos de su magnética mirada, mientras mi mente trata de ubicarse, pero no lo logra, y yo, como siempre, termino coloreando estupideces para alimentar el corazón y el pedacito de alma que me resta y sin querer... termino sintiendo.

Las telenovelas nunca se equivocan en algo, y es que la vida es una completa ridiculez.

Deseo tanto que Natalia deje de llorar... piensa que todo se soluciona con lágrimas. ¿Y yo hasta cuándo me dejaré vencer por ellas? Terminaré una vez más, como siempre, en la soledad de mi cuarto, analizándome, culpándome.

Pero, ¿es que acaso debo ser perfecto? Si, tal vez ¡un perfecto idiota! aquel que no sabe decir que no, que nunca encontró su razón de existir.

La maldita presencia de la gente, me hace sentir cada vez más solo.

Ese niño que lleva en su vientre me trae mil fragmentos de nostalgia y al mismo tiempo deseos de volver a nacer.

Sólo hay una cosa que puedo enseñarle a ese "hijo", que no llevará mi nombre, ¡enseñarle a sentir sin sufrir! pero primero debo aprenderlo yo.

Natalia no para de hablar, casi vociferar, palabras decoradas con gestos y brillos, que velozmente me atrapan, me matan. Mi boca, en silencio, no encuentra como pronunciar un discurso que valga la pena para derribar sus pretensiones.

Ese día llegó ridículamente vestida y con una envidiable sonrisa de victoria en el rostro. Había conseguido un trabajo como modelo de revista, y su orgullo era tan grande, que no le permitía mirar hacia abajo para verme recoger los pedacitos de mi alma que estalló con la noticia.

Detesté verla así, pero debía admitirlo, odie más aún la idea de pensarla libre e independiente, ganaría su propio dinero, ¡no me necesitaría más! ¿Acaso no era eso lo que yo quería? ¿Lo que tanto había esperado para alejarla de mi vida?

Miro a esa pequeña criatura y no me equivoco al decir que tiene los ojos de su madre, sus pupilas contienen el más fuerte e indomable carácter, ella, tan pequeña, ya tiene la osadía y el valor para afrontar al mundo. Si yo abriese la ventana, presiento que se escaparía volando, desplegando sus alas, sin detenerse a mirar las insignificancias de este mundo.

Yo no sé qué me hizo falta en la vida, si una ventana abierta o un par de alas.

Inútilmente imagino lo conveniente que sería que Natalia tuviese un carácter como el mío, o al menos compatible. Entonces me doy cuenta que, aun así, sería como una única ficha que quedaría impar en el juego de la vida, sin nadie que me complete, porque soy como un círculo, que termina en el mismo punto donde comienza.

Llegando al punto máximo de la cursilería, decidí ayudar a Natalia a buscar al padre de su hija, no soy su dueño, no pretendo serlo, debo dejar de atarla; pero sé que su ausencia, me traerá la muerte.

Las entregué, a ella y a la criatura que me cautivó desde el primer día, en manos de quien, para mí, es un extraño. ¿Qué me queda ahora? Me resta deshacerme del furtivo vínculo que sus miradas crearon en mí, pequeñas brisas que pasaron por mi vida convirtiéndose en tempestad.

¡Qué ironía! no he sido más que un ingrato diestro luchando contra una corriente de sentimientos... y por esta corriente me veo envuelto y ahora atrapado y herido, después de que juré que jamás me ocurriría de nuevo.

Ha pasado poco y mucho, he vivido todo y nada... sigo sin saber qué busco y es por eso que no lo he encontrado.

Ahora, estoy solo de nuevo, sin más que hacer que ver los días llenarse de esperanzas que abrigan a otras almas para continuar sus caminos, pero no a la mía.

Soy un estúpido. ¡Ni siquiera fui capaz de averiguar si ella me amaba! Estuve a medio instante de ser feliz y el único peso que me fijó al suelo, el único viento que me pegó en la cara, el único lazo que me ató a la angustia fui yo... y mi torpe y ridículo lado derecho.

AGRADECIMIENTOS

¿Escribir un libro? ¿yo? Lo pensé mil veces en el transcurso de mi vida y ahora parece mentira que por fin sea una realidad; y precisamente por tratarse de escritos que reflejan crónicas y situaciones de mi vida, es importante agradecer a todos quienes pusieron un granito de arena, incluso sin sospecharlo, para que estas páginas lleguen a tomar forma.

Gracias a mis padres, por ser la base, el núcleo y el constante recordatorio del amor de una familia que se mantiene unida, en las buenas y en las malas. Gracias a mis hermanos y hermanas, por la tolerancia y amor inagotables que hasta ahora han superado toda prueba. Estoy orgullosa de todos ustedes.

Gracias a mis amigos, los que están cerquita, los que no... y los que se fueron (muy temprano) a jugar con ángeles y cometas. No hay distancias cuando la amistad es verdadera.

Gaby, compañera de poesías... gracias por ayudarme a leer, revisar, corregir y sobre todo por mantenerme enfocada en mi propósito. Sigue escribiendo, pintando y soñando con la luna.

Gracias Emmanuel, por creer en mí y valorar mis poemas, para mí es un verdadero honor que les hayas dado el toque mágico de tu talento al hacerlos parte de tus creaciones musicales.

Mi Paula ¡ser tu mami es un privilegio! Gracias por llenarme de luz y de orgullo, por enseñarme tanto y ser mi motor. Se suponía que mi trabajo en este mundo debía ser inspirarte, sin embargo, has sido tú quien se ha convertido en mi inspiración.

Gracias Cesar, porque llegaste a mi vida... resultó ser cierta la teoría de que a cada uno le llega su "media naranja", y también es cierto que, aunque no exista la perfección, es real el deseo de superar con amor todas las pruebas y despertar junto a quien amas por el resto de tus días.

~Su

SOBRE LA AUTORA

Susana Illera Martínez es una autora colombiana-americana con más de dos décadas de experiencia en publicidad, mercadeo y diseño. Radicada en la ciudad de Miami, Susana se especializa en la  dirección de arte y desarrollo de empaques para marcas de consumo.

Su creatividad va más allá de los medios gráficos y representaciones visuales; desde muy joven descubrió su pasión por inventar historias y escribir fantasías dentro y fuera del ámbito escolar, obteniendo premios en concursos de oratoria y de cuentos. Su pasión por la palabra también se manifestó en oportunidades como locutora y productora en programas de radio en Ecuador, donde residió por 25 años.

Ayudada por su insomnio y su incontenible deseo de aprender cosas nuevas, decidió afrontar el reto de compilar sus escritos, editar y auto-publicar su primer libro.

En el proceso, algunos de sus poemas han sido puestos en música por el compositor Emmanuel Berrido, quien es uno de sus colaboradores. La obra de Susana se puede escuchar en sus obras "Nocturna para Soprano y Guitarra" (2018), y "Poemas de Color Púrpura" (2014) para barítono y piano.

Clara ~ Cuentos & Poemas, despertó su necesidad de continuar escribiendo; Clara, además se convirtió en su alias de escritora y en el puente hacia ese mundo que nunca pensó revelar. Hoy es una obra disponible para los amantes de la poesía y las historias con las que todos podemos sentirnos identificados.

Made in the USA
Lexington, KY
29 November 2018